MIS DESPERTARES

ExLibric

KAMLU ASNANI, SOFÍA PRIMO RUIZ,
JYOTI BAHARANI

MIS DESPERTARES

EXLIBRIC

ANTEQUERA 2022

MIS DESPERTARES
© Kamlu Asnani, Sofía Primo Ruiz, Jyoti Baharani
Diseño de portada: Dpto. de Diseño Gráfico Exlibric

Iª edición

© ExLibric, 2022.

Editado por: ExLibric
c/ Cueva de Viera, 2, Local 3
Centro Negocios CADI
29200 Antequera (Málaga)
Teléfono: 952 70 60 04
Fax: 952 84 55 03
Correo electrónico: exlibric@exlibric.com
Internet: www.exlibric.com

ISBN: 978-84-19269-36-2
Depósito Legal: MA 739-2022

Nota de la editorial: ExLibric pertenece a Innovación y Cualificación S. L.

MIS DESPERTARES

La esencia de tres mujeres
transformada en palabras

Kamlu Asnani

Sofía Primo Ruiz

Jyoti Baharani

Kamlu
Fb: Kamlu Asnani

Sofía
@sofi_primo

Jyoti
@yotibaharani

Prólogo

Mis despertares es un encuentro a tres voces de mujer, en el que a través de sus poemas han plasmado su esencia convertida en sencillos versos, caminos de sílabas que se unen en una composición que fluye entre sentimientos, opiniones personales, sensibilidad y temas variados, basados en la experiencia de las autoras que se han lanzado hacia la aventura de descubrir al mundo de la lírica desde la sinceridad y el anhelo de plasmar un legado que perdure en el corazón del lector.

Sin titubeos ni frases rebuscadas, el mundo interior femenino se materializa, se alza en estas páginas como una bandera que ondea mecida por la esperanza y la valentía sin pretensiones a priori, donde un hecho determinado, la palabra, se decide antes de conocer su resultado pues, como decía el poeta modernista Antonio Machado en sus Proverbios y cantares (XXIX):

> *Caminante, son tus huellas*
> *el camino y nada más;*
> *caminante, no hay camino,*
> *se hace camino al andar;*
> *caminante no hay camino,*
> *sino estelas en la mar.*

En este caso las huellas son la manifestación de la vida de nuestras protagonistas y las estelas son las circunstancias que se van formando en la mar de su lirismo, en el conjunto de conocimientos que nos trasmiten, no a través de su intelecto, sí a través de sus emociones genuinas.

La antología que nos ocupa lleva el sello de un conjunto no premeditado de temas universales que las escritoras van desgranado con su particular estilo, como el amor maternal que Kamlu Asnani expresa con contundente naturalidad:

ME CUIDAS

Madre…
sé que eres mi paloma blanca
de alas anacaradas…

En los fragmentos del poema titulado «El misterio de dos destinos: el cielo y el infierno», Sofía Primo Ruíz, con la franqueza a flor de piel, se debate en el centro de la eterna lucha interna entre el bien y el mal:

Entre el cielo y el infierno mi alma se divide…
ángel o demonio…
mi dolor es más fuerte que mi bondad…
Por fin libre…
Grita algo dentro de mi interior…

Por último, Jyoti Baharani con la conciencia de la diversidad del ser y de las contradicciones humanas comienza su andadura poética con:

SOY

Soy aire, soy sal…
Soy rosa, soy placer…
Soy destino, soy fuego,
soy risa, soy llanto,
Soy dolor, soy paz…
Soy pasajero inmortal.

Lectores, ¿qué más puedo contarles? Les reto a descubrir este libro y termino:

¡¡¡VIVA LA POESÍA!!!

Albertine de Orleans

MIS DESPERTARES

Kamlu Asnani

Kamlu Asnani

Empresaria jubilada. Participa en actos culturales desde hace varios años. Sus relatos y poesías han aparecido en varios libros de la colección literaria ADOC, tales como:
- *Mujeres 88 (2017)*
- «Maternidad», *de Mujeres Pasión (2017)*

Ha colaborado en proyectos solidarios como:
- *+ de 100 Recetas Solidarias (2016)*
- *+ de 30 Recetas Solidarias (2016)*

Estos dos últimos son proyectos benéficos de mujeres de la comunidad indostánica de Canarias y del mundo.

También ha participado en varios recitales poéticos presenciales y *online*.

Dedicatoria

En primer lugar me dedico este poemario a mí misma, porque es importante que uno se valore, y valoro haberme atrevido a desempolvar mis ilusiones dormidas, que nunca imaginé plasmar después de haber cumplido setenta y cuatro años.

En segundo lugar, a las personas que me han llevado de la mano a enseñarme este hermoso mundo, que por mediación de sus escritos plasman sus ilusiones, sus sueños y sus empatías.

No sé qué me deparará el futuro, pero seguiré en este plano, mientras mi cuerpo y mi mente me lo permitan.

LA ESENCIA DE KAMLU

FUERZA

Las lágrimas de mujer,
saladas y dulces,
siempre serán la fuerza imparable
que influirá en nuestro universo.

MÚSICA

Cuando escucho tu canción,
las lágrimas afloran de mi interior,
tu melodía resuena en todo mi ser
mientras se secan al caer.

TU AROMA

¿Por qué escapas de mí al amanecer?
Cuando me abandonas, tu aroma a hiedra me falta.
El cielo se oscurece y las nubes se vuelven grises.
En mi pecho florecen lágrimas de cristal
que oculto bajo un llanto silencioso.
¡Cuánto duele tu ausencia!

Silencio

Callaré esos rumores
que me rodean abrasando mi piel,
por ello, miraré de frente a ese río
que sangra de dolor.

MADRE

Mientras me arropaba,
me dijo mi madre:
«Todo el mundo tiene alas que lo arropan».
Y le pregunté:
«¿Y las mías?».
Y me contestó:
«Cuando yo me haya ido, las verás».

CARICIAS

Acariciaré esa brisa
que me cobija,
que me acurruca,
que me enternece…
por solo un momento en su plenitud.

ORÍGENES

He nacido en España,
de raíces profundamente hindúes,
por lo tanto, puedo decir
«Per Pao» (reverencia) a mi marido,
que haré todos los días de mi vida.

ROSA

Deshojo entre mis manos una flor,
sus pétalos van cayendo
entre mis sollozos
y no quiero que terminen de caer,
ya que cada uno de ellos
representa mis amores vividos.

LAS PALMAS DE GRAN CANARIA

Querida Las Palmas de Gran Canaria,
¡cómo te destruyen!
Te hemos tejido
como se teje la ropa de un bebé.

Las llamas incandescentes de rojo y amarillo vivo
asolan tus campos queridos;
con nuestros corazones imploramos
y con nuestras lágrimas invocamos,
para apagar esas llamas por toda una eternidad.

LA BÚSQUEDA

Te busco entre las flores,
entre los pájaros nocturnos.
En una noche de luna
busco esos ojos claros,
claros como el mar de un amanecer.
Con la tranquilidad de una campiña,
te buscaré…

LATIDOS

Los latidos de mi corazón
son como las olas al atardecer,
que chocan contra las rocas
desesperadamente.

SUS OJOS

Al amanecer,
cuando veo tus ojos negros morunos,
tengo la sensación de bañarme en ellos,
pero no me dejas.
Guardo tus ojos para mí
en un corazón de cristal.

RECUERDOS

Pisando las arenas mojadas
bajo mis pies,
mis sensaciones vuelven a revivir,
sintiendo esa tristeza, esa alegría,
que una vez me fueron arrebatadas.

ME CUIDAS

Madre,
entre bambalinas me criaste,
entre bambalinas te me fuiste
por caminos etéreos de luz,
por ello, sé que eres mi paloma blanca
de alas nacaradas
que se posa sobre mí.

AMISTAD

Te ofrezco mi sonrisa,
como un capullo de primavera;
un suspiro,
como el murmullo de las olas en un atardecer;
un abrazo sutil,
como una brisa al amanecer.

AMOR

Estoy entre dos orillas:
la pasión y el amor.
Una me aturde, el otro me embelesa.
Ellos habitan en mi piel,
sacudirlos es imposible,
vivirlos conjuntamente es imposible.
Ese es mi universo, ese es mi mundo
entre mis dos orillas…

24 DE JUNIO

Noche de San Juan,
eres la pureza personificada,
eres el rojo ardiente que nos quema,
eres el contagio y nos reímos a tu vera.
Los destellos de tu fuego
nos transportan a tu sensualidad ardiente.
Rodeados bajo tus llamas,
imploramos nuevos augurios,
nuevas ansiedades
y un nuevo anochecer de San Juan.

TE SABOREO

Mis atardeceres son como el buen vino,
los saboreo sorbo a sorbo.
No hay bruma que los empañe.
Están siempre a mi vera,
mostrándome su color purpúreo,
y la sangre de sus destellos,
arropándome cada fugaz instante.
Así son mis atardeceres.

PAZ

Saboreo mis pensamientos
dentro de mi alma.
Las apaciguadas nubes los calman.
Hay calma dentro de esa calma.

SIN TI

Mis noches no tienen color,
ni fronteras
ni dominios…
Quiero el mar verdoso y transparente
de tus ojos,
para así tener mis noches de color.

LUNA

En el ocaso del atardecer
contemplo mi luna tímida,
nos miramos y nos decimos ¡tantas cosas!
Mis confidencias se queda con ella,
y me regala con otro nuevo atardecer.

MAR

Me empequeñeces ante tu poderío.
Salpicando tus lágrimas en mí,
tu brisa me adormece.
Tu olor a sal me abruma y me estremece,
pero te escapas de mi vera
sabiendo que nadie te pertenece,
mar…

Amor no correspondido

Eres mi razón de vivir y me apartas de ti,
eres el enganche de mis pasiones,
pero me apartas de ti.
Eres el muro transparente
que me domina sin piedad
con la impiedad absoluta de sus dominios.

MI AMOR

Amado esposo,
hagamos una alegoría
para no desencadenar nuestro amor:
que el amanecer nos bañe con su brisa,
y tus abrasadoras manos
con pasión toquen mis hombros,
mientras esperamos el anochecer,
para que entres en mí, habita…
Amado esposo.

DESPIERTA

Despierta con el canto de la vida.
Despierta con el murmullo del viento.
Despierta con mi olor.
Despierta tocando con tus manos sedosas
todo mi cuerpo.
Despierta, despierta…
tus despertares conmigo.

MIS DESPERTARES

Sofía Primo Ruiz

Sofía Primo Ruiz

Residente en Valencia, pero de sangre utrerana. Quiromasa-
jista y escritora. *Community manager* de la Asociación de Mujeres
Olympias 2020. Autora de los siguientes títulos:
- *Masajes para bebé (2011)*
- *El poder de las palabras (2014)*
- *Aprende a usar la aromaterapia (2014)*
- *«Una noche inolvidable», de la antología de cuentos infantiles
  Una Navidad especial (2021)*
- *El niño interior (2021)*

Ha participado en varios concursos, en los que sus poemas
han sido seleccionados para diferentes antologías:
- *Microfantasías IV (2021)*
- *Luz de luna VII (2021)*

— *Pongamos que hablo de Andalucía I (2022)*
— *Universo de libro IV (2022)*
— *Madre no hay más que una II (2022)*

Actualmente publica poemas en Tamasma Cultural, revista digital canaria, cuyo objetivo es que la cultura y la literatura puedan llegar a todo el mundo.

Dedicatoria

Dedico este libro a todos los que se atreven a soñar y perseguir sus metas. A veces, nuestros deseos tardan mucho en cumplirse, pero es importante no perder nunca nuestro objetivo de vista.

Yo comencé a escribir poemas y relatos cortos con ocho añitos, pero no me atrevía a mostrar mis escritos. Treinta años después, puedo decir que he dejado el miedo y la vergüenza atrás y he apretado el acelerador hasta el fondo. Así que nunca dejéis de soñar, nunca os olvidéis de vosotros mismos y luchad por vuestras metas pasito a pasito. Cuando sea el momento de florecer, así será.

Espero que disfrutes con estos fragmentos de mi alma y de mi esencia vital.

Con todo mi amor, que la literatura y la imaginación os acompañe toda la vida.

Si queréis conocerme un poco mejor o leer otros escritos míos, podéis encontrarme en Instagram: sofi_primo.

LA ESENCIA DE SOFÍA

INFINITO

En el río de la vida te vi
nacer, crecer y morir,
pero también te vi amar, soñar, sufrir y vivir.
Navegaré por sus aguas hasta que nuestros caminos
vuelvan a cruzarse.
Volveremos a encontrarnos,
porque siempre seremos tú y yo.
Las turbulentas aguas del destino
de tu vera nunca me separarán.

ENLACE

Este es el sueño que compartimos,
el que queremos cuidar a través de los años,
el que nos reencontrará a través de cualquier distancia,
el que hablará por nosotros, más que cualquier palabra.
Y este sueño se llama amor.

LUNA

¡Oh, hermosa luna,
que hasta la más bella doncella
envidia tiene de vos,
¿por qué me deleitas con tu belleza
si después no me dejas besar tu bello rostro canela?!
¡Oh, luna mía, no dejes que el ardiente sol
te separe de mi vera!
Aunque te marches y no vuelvas,
siempre serás la doncella por la que mi alma llora,
y con valor y fuerza te esperaré
hasta tu vuelta.

ETERNO

Un día dejé caer una lágrima en mitad del océano.
El día que la encuentre
será cuando deje de amarte.

EL MISTERIO DE DOS DESTINOS EL CIELO Y EL INFIERNO

Entre el cielo y el infierno mi alma se divide:
ángel o demonio, ser buena o dejar que la rabia gane.
El demonio que habita en mi interior me llama.
Es la hora de jugar, la hora de sacar todo tu dolor,
deja de luchar…
Mi ángel me recuerda que soy buena,
que la venganza no lleva a nada.
Pero mi dolor es más fuerte que mi bondad.
Antes de que pueda darme cuenta, el demonio venció.
Por fin libre…
Grita algo dentro de mi interior,
pero mi alma es buena y mi ángel no me abandona.
Cierro los ojos y respiro hondo.
Cuando por fin creo estar a salvo,
una voz resuena en mi interior:
No olvides que eres mía, no sé cuánto podré aguantar.

EL AROMA DE LOS LIBROS

Con mucho cuidado y amor te cojo.
Noto tu agradable peso sobre mi mano.
Te huelo, y en un suspiro
entre tus páginas me cuelo.
Mi mente y mi alma vibran con cada palabra,
mientras me convierto en un águila
y vuelo libre por tus páginas.

MI TIERRA, MI CORAZÓN

Por mis venas corre sangre utrerana,
y con gran orgullo lo digo.
Si cierro los ojos, el perfume de los jazmines en flor
inunda mi mente y mi alma,
Andalucía lo tiene todo,
su gente, sus calles y su aroma únicos son.
Viva donde viva,
mi corazón siempre estará en sus calles empedradas
con los recuerdos de mi infancia.

SUEÑOS

Esta noche he tenido un sueño,
uno de esos que se olvidan al despertar,
pero en mi pecho aún duerme su recuerdo,
el recuerdo de una bella lágrima de cristal.
Cuando desperté, tú ya no estabas.
Te busqué en todos los lugares,
pero no te pude encontrar.
Una noche más nos volvimos a reencontrar,
pero como todos los días,
de mis brazos volviste a escapar.
El maldito día a su regazo te reclamó.
No pude retenerte a mi lado,
el destino no pude dominar,
pero algo tuyo me quedé
que ni él podrá arrebatar:
el amor que nos une.
Si solo puedo ser feliz en sueños,
prefiero el sueño que el despertar.

EL HADA DE ALAS DE CRISTAL

La pequeña hada intentó escapar,
pero hasta entre las nubes el demonio la encontró.
Sus alas se empezaron a desquebrajar,
y al mar fue a parar.
No era un mar cualquiera,
era un mundo diferente y aterrador.
Perdida en un abismo de caras
se encontró con una sola fijación:
cazar al hada que por error a su mundo cayó.

ENVIDIA

Tengo envidia de tu cama y de tus sábanas,
que cada noche te abrazan.
Tengo envidia de tu ropa,
que envuelve todo tu hermoso cuerpo.
Tengo envidia del aire que te rodea.
Mis manos arden de pasión,
cuando saben que te acariciarán.
Mis ojos brillan como el amanecer,
y mi corazón late con fuerza cuando te ve.

DESAPARECIÓ

Un día, una joven de mirada traviesa
sus alas desplegaba, por el hermoso cielo volaba
sin rumbo alguno, solo disfrutaba de la agradable brisa.
El sol calentaba sus sonrosadas mejillas,
todo era tan perfecto que nada parecía poder estropearlo.
Pero cuando se quiso dar cuenta estaba cayendo sin parar.
Le dieron caza, anhelaban su libertad.
La niña que jugaba a ser un ave libre se perdió.
Fue a parar a donde no debía por querer ser diferente,
por no querer vivir bajo las reglas de los demás,
quería poder ser libre como todos desean,
pero nadie se atrevía.
No tuvo en cuenta el poder que la envidia tendría.
Ahora resuenan las campanas, mientras todos se preguntan
dónde estará.

TE ESPERARÉ

Me paso las noches enteras sin poder dormir,
buscando los motivos por los que te perdí.
El silencio se ha convertido en mi mayor enemigo,
y tu ausencia en mi soledad.
No consigo comprender por qué no estás junto a mí.
Nunca pude imaginar en la vida tanta soledad.
No pude mantenerte a mi lado,
y ahora solo me queda la absurda esperanza
de que algún día volverás.

LLEGUÉ TARDE

Cuando llegué, ya era tarde.
Ya te habías quedado dormida.
Te llamé una y otra vez, una y otra vez.
Te susurré al oído lo mucho que te amo.
Te pedí a gritos que despertaras,
pero ya era tarde…
Tu cuerpo yacía ya en cama de huesos
y almohada de calaveras.
No me digas que no lo intenté, cielo,
porque con el calor de mi cuerpo
intenté arropar el tuyo,
pero ya era tarde…
Mi amor ya no era suficiente
para poder despertarte de tu letargo.
Te di un último beso
con la pasión de mi corazón,
y mis últimas lágrimas
cayeron en tu hermoso seno.
Tú siempre me lo decías:
«Siempre llegas tarde a todo.
Un día te necesitaré y no llegarás a tiempo».
Lo siento, mi amor, lo siento.
Pero una vez más llegué tarde,
y de mis brazos escapaste.
Llegué tarde.
Llegué tarde
y de mis brazos escapaste.

ANHELO

Sentí tu voz
y de repente me desperté.
Te busqué en todos los lugares,
pero solo estabas en mi soñar.
Sentí tu calor,
como si siguieras aquí.
No podía creer que todo era un sueño.
No lo podía entender,
tu aroma aún seguía entre mis sábanas.
¿A la locura llegué?
¿Ni la misma muerte nos podía separar?
Tu alma atada a mí está.

DUREZA

Soy fuerte como un árbol.
Un roble personificado cuando mi alma dañas.
Por mucho que poden mis ramas, jamás me destruirán,
porque crecerán una y otra vez,
una y otra vez.
Tu sierra romperé con mi fuerza
y jamás podrás talarme,
porque a la vez seré dura como una roca.
Me expandiré y creceré sin parar,
pero si un día flaqueo y me destruyes,
resurgiré de mis cenizas como el ave fénix,
una y otra vez,
una y otra vez.

MI MUNDO

Dame tu mano, volaremos juntas por mi mundo.
Es un mundo mágico donde la imaginación te acompaña.
Un lugar de hadas y dragones, donde la palabra soledad
no existe, ni la tristeza.
En este mundo puedes elegir si quieres ser una princesa
o ser don Quijote de la Mancha y luchar
contra los malvados gigantes por el amor de Dulcinea.
Dime, amiga mía, ¿qué deseas?
Pide lo que tu corazón te diga, porque te invito
a que te quedes en mi mundo y hagas realidad tus sueños.
El arco iris brilla todos los días, tanto en el cielo
como en los corazones de todos los seres
que habitan este planeta.
Las puertas están abiertas a todo aquel
que tenga un corazón y un alma pura.
No tengas miedo, amiga mía, no soltaré tu mano.
Pequeña Rose, vuelve cuando quieras, porque ahora
este mundo también es tuyo.

Te invito a que te hagas una pequeña casa, a la cual
puedas acudir cuando quieras escapar de tu realidad.
Recuerda que mi mundo habita dentro de mi corazón
y siempre tendrás un hogar en el que poder resguardarte
cuando la tristeza te persiga.
Aquí jamás te podrás dañar.
Dame tu mano y volaremos juntas, quiero enseñarte
un lugar especial.

PALABRAS

Sabes que tu hora llega.
Solo te quedan unos meses
y entonces buscas el sentido a las cosas.
Pero no lo encuentras,
porque tus sueños y esperanzas
ya murieron hace tiempo.
Tienes miedo, pero no sabes por qué.
Algo amenaza con cambiarlo todo.
Algo se asomó a mirar dentro del pozo y te capturó.
Tú pensaste que ahí estarías a salvo,
pero a menudo nos equivocamos.
Ahora es cuando te das cuenta
de que jamás llegaste a vivir la vida.
Y ahora quieres hacer las cosas
que nunca hiciste por miedo
o por el qué dirán.

Ahora te arrepientes
por no haber abierto tu corazón a nadie.
Nunca supiste amar,
tu egoísmo y tus miedos
te encerraron en una cárcel de cristal.
Ahora paseas por las oscuras calles
esperando que ese día llegue.
Y en tu último suspiro
confesaste lo que siempre ocultaste,

pero que por dentro gritabas
hasta caer rendida.
Tus palabras fueron:
«Lo que más daño nos hace
son las palabras que no dejamos
que el viento acaricie».

DEJA LIBRE TU IMAGINACIÓN

Cierra los ojos y estira los brazos.
Deja que tu imaginación viaje hasta donde más desees.
Conviértete en un águila y vuela alto,
juega con las estrellas y brilla con ellas.
Deja que tus manos toquen la luna.
Deja atrás todo lo que no te guste,
deja que tu imaginación te ayude a volar alto.
Vuela todo lo alto que quieras y viaja a donde desees.
Tu mente es maravillosa y puede llevarte donde sueñes.
Vuela alto.
Vuela todo lo alto que puedas, mientras el viento
con suavidad acaricia tu rostro y despeina tus cabellos.
Vive sin miedo a caer en picado, porque cuando cierres
los ojos, podrás ser y hacer lo que quieras.
Vuela alto y sé libre.

Paseo nocturno

Es de noche.
Ya hace tiempo que tocaron las doce,
pero yo sigo paseando por las calles de mi ciudad
sin rumbo alguno.
La hermosa luna brilla como nunca,
parece que quiera decirme algo con su radiante luz,
pero mis oídos no pueden escucharla
y mis ojos no pueden llegar hasta su alma.
El manto de la noche me acompaña en mi viaje sin fin.
¿Qué busco? No lo sé.
¿Encontraré algo al final de mi camino? Tal vez…
Mientras las estrellas brillan
iluminando mi largo camino.

DECADENCIA

Muerte, caos, destrucción, odio…
De eso se compone este maldito mundo.
Mundo condenado a la decadencia.
Mundo de ignorantes,
que no quieren ver lo que hay a su alrededor,
no quieren recoger la semilla maldita
que ellos mismos plantaron,
y ahora miran hacia atrás
y recuerdan los viejos tiempos.
Tiempos en los que existía la felicidad.
Tiempos en los que los prados verdes
y los animales existían.
Tiempos mejores.
Y se preguntan una y otra vez qué es lo que pasó.
Quieren echar la culpa al que fabrica las armas,
pero no al que las dispara.
Saben que su existencia desaparecerá para siempre.
Se dan cuenta de que no son seres superiores,
pero no lo admiten.
Echan la culpa a la falta de fe,
pero no al loco que empezó una guerra.
Saben que su destrucción está próxima,
pero prefieren seguir culpando y matando a otros.
Aún esperan que un gran poder venga
y los salve a todos.
Y el que no tiene fe debe morir,

para que la divinidad no se enfade.
Y cada día va creciendo el odio y la tristeza
en los corazones de los seres
que habitan este maldito mundo.
Y su decadencia crece por segundos:
muerte, caos, destrucción, odio…
De eso se compone este maldito mundo.
Pero en mi pobre corazón
aún queda la esperanza de que la gente
cambie las armas por instrumentos de cultivo
y planten la semilla que quieren recoger.
Y el mundo que tanto odié quede muerto
en un recuerdo amargo del pasado.
Y renazca un nuevo mundo compuesto de pasión,
amor, esperanza y un futuro prometedor.

Mensaje en una botella

Una hermosa botella de cristal con grabados de plata se zarandea entre las olas del mar, mientras poco a poco el agua la va llevando mar adentro.

Dentro de ella se puede ver un pergamino marrón con el siguiente mensaje:

«Junto a la orilla del mar, te esperé».

Los días se convirtieron en semanas, y las semanas en meses. Con el paso del tiempo empecé a ver al mar como un enemigo.

Con rabia gritaba a las olas una y otra vez que te trajeran de vuelta a mi vera, pero jamás obtuve respuesta alguna, así que tomé las riendas de mi destino.

Mi querido marinero, algo dentro de mi corazón me dice que sigues vagando por los mares de este mundo buscando el camino de regreso a tu hogar.

Me pregunto si estás viviendo grandes aventuras igual que Ulises, perdido por los mares intentando regresar a tu hogar.

Yo no puedo esperar más, no quiero ser como Penélope, que paso veinte años esperando a que su amor regresara. Seré marinera si hace falta, como tú, mi amor. No dejaré que mi destino sea convertirme en una gran roca de sal, mientras espero junto a la orilla a que regreses a mi vera.

Soltaré las riendas de nuestro barco y viajaré por los mares en tu búsqueda.

Mi amor, espérame. Estés donde estés, te encontraré.

El amor que nos une será mi estrella polar y los latidos de mi corazón me llevarán hasta el tuyo. Así que ahora navego con nuestro hermoso barco hasta el atardecer, donde una vez más nuestras manos se enlazarán.

¿QUÉ ES UNA MADRE?

Una madre es el roble que da sombra y cobijo,
la que protege tus sueños,
la que vela por ti día y noche.
Es el escudo y la espada
que jamás de tu lado se separa,
tu heroína sin capa.
Es el corazón que siempre latirá a tu vera.
La veas o no la veas,
su presencia y su perfume a tu lado estarán.
Es quien te ama de forma incondicional
y su vida por ti dará.

MI SOÑAR

Sentí tu voz
y de repente me desperté.
Te busqué en todos los lugares,
pero sólo estabas en mi soñar.
Sentí tu calor,
como si siguieras aquí.
No podía creer que todo era un sueño.
Tu aroma aún seguía entre mis sábanas,
¿A la locura llegué?
¿Ni la misma muerte nos podía separar?
Tú alma atada a mí está.

UNA VEZ MÁS

Una vez más se hizo de día
y de mis brazos escapaste.
Solo el abrigo de la noche
me trae la felicidad.

El maldito sol
te volvió a separar de mi lado.
Estoy perdida sin tus tiernos labios.
No sé vivir sin el calor de tu cuerpo.

Maldigo este traicionero sol
que cada mañana nos separa,
cuando su único fin
es saciar sus ansias de poder.

Llamo a la madre luna.
Le pido y le suplico
que me devuelva a tus brazos,
que, sin tu amor, estoy perdida.

Y ella me promete que una vez más
volveremos a ser amantes
entre las estrellas.
Aquí me encuentro,
esperando con ilusión,

que el manto de la hermosa noche caiga,
y podamos volver a ser amantes
entre las estrellas

una vez más…

BULLYING

Tus palabras me hacen llorar,
lágrimas que desgarran mi alma.
Aunque corta sea mi edad,
tus actos dañan mi espíritu.
Tienes que parar,
o las consecuencias vendrán.
Aun adulto, ayuda debes pedir,
ya que nadie es superior a ti.
¡Ya basta de pegar!
¡Ya basta de insultar!
¡Ya basta de maltratar!
Basta de odiar.
El amor y el cuidado deben ser primordiales.
Si ves a alguien sufrir, grita a los cuatro vientos,
y tú ayuda debes dar o pedir.

MIS DESPERTARES

Jyoti Baharani

Jyoti Baharani

Empresaria. Presidenta de la Asociación de Mujeres Olympias 2020. Directora del gabinete de ONG en ADOC. Organiza y participa en actividades culturales y benéficas desde hace años.

Sus relatos y poesías han aparecido en varios libros de la colección literaria ADOC, tales como:
- *Mujeres 88 (2017)*

Ha participado con relatos en la publicación de:
- *Microrrelatos de Miel, de Charter 100 Gran Canaria. (2019)*
- *Microfantasías IV (2021)*

Impulsora de proyectos culturales y benéficos como:
- *«Maternidad», de Mujeres Pasión (2017)*
- *+ de 100 Recetas Solidarias (2016)*
- *+ de 30 Recetas Solidarias (2016)*

Estos dos últimos son proyectos benéficos de mujeres de la comunidad indostánica de Canarias y del mundo.

Ha participado en varios recitales poéticos presenciales y *online.* Publica su cuento «Una Navidad especial» en una antología de cuentos infantiles titulada *Una Navidad de Cuentos y Fantasía* (2021).

Publica su primer cuento infantil bilingüe, titulado *Nico y Wizard Clowel - Nico y el Mago Clowel* (2021), con Apuleyo Ediciones.

Dedicatoria

Este poemario está dedicado a todas las personas que en algún momento me han inspirado a ser la persona que soy. A esa gente que ilusiona, que transmite fuerza y motiva.

Hace veinticuatro años terminé de escribir un cuento infantil, el cual nunca vio la luz. Siempre he pensado que es vital trabajar los valores desde la infancia a través de los relatos y fábulas.

Todo comenzó durante el confinamiento, donde por fin creé mi personaje infantil y publiqué mi primer cuento. Eso me ha demostrado que nunca es tarde si la dicha es buena. Continúo este sueño trabajando en mi segunda historia, que ya está en camino.

Mi agradecimiento a todas esas grandes personas que andan por este mundo y lo hacen aún más bello.

LA ESENCIA DE JYOTI

SOY

Soy agua, soy mar,
soy aire, soy sal,
soy el azúcar que endulza tu café.
Soy rosa, soy clavel,
soy olor, soy placer,
soy sabor, soy color,
soy camino, soy destino,
soy lluvia y arcoíris a la vez.
Soy fuego, soy calor,
soy risa, soy llanto,
soy la música que nos tiene bailando.
Soy dolor, soy paz,
soy pasajero inmortal.

BELLEZA

Me fascina contemplar cómo crecen las rosas
en el jardín inmaterial de mi vida.
No importa el mal tiempo
o las tormentas que lo amenacen,
no importa que el sol abrasador las queme.
Por muchas dificultades que atraviese mi jardín,
siempre vuelve a florecer en todo su esplendor,
más fuerte y sutilmente bello.
Cuanto más hermoso es mi jardín,
¡más hermosa y fuerte me siento yo!

SECRETOS

Luna plateada, brillante en tu soledad,
¿cuántos secretos guardas?
Siempre tan taciturna, lúcida y serena,
derramas tu luz,
llenas nuestras noches.
Cuando te contemplo,
miles de historias reales o imaginarias te contaría,
pensando que me miras luminosa
con ojos de cráteres oscuros
que perciben mi sentir,
mi delicada naturaleza femenina.
¡Cómplice de los amantes!,
¿qué secretos tan bellos custodias?
Mi amada luna, luminosa y radiante.

LIBERACIÓN

Desnúdate sin pavor,
porque estaré a tu lado,
te protegeré y secundaré.
¡No lo dudes!
Libérate, desnuda tu alma,
estoy contigo.

SENTIR

Entorna los párpados,
concéntrate en el ritmo melodioso
de mis emociones.
Piénsame, siénteme, ámame, átame…
¡Te necesito!

LA LUNA Y LA FLOR

«¡Linda flor, ninguna cadena puede atar
la belleza delicada que expandes!
Percibo tu fragancia, tu suavidad, tu deseo»,
susurra la luna a la bella flor.
Y la flor le responde:
«Como lo haces tú,
daría lo que fuera por iluminar
las noches mágicas del amor,
preciosa luna lunera,
plateada y brillante.
¡Ay, luna lejana que suavizas las sombras,
quién fuera tú!».

AÑORANZA

Camino por el sinuoso sendero de los recuerdos,
atesorando juegos de infancia,
bailando entre los colores del arco iris.
Mientras, la tierra mojada por la lluvia
exhala una fragancia que despierta mis sentidos.
Aquella tierra humedecida,
que enriquecía mi espíritu de niña,
se unía a la noche
que llegaba del desconocido misterio,
y entre truenos ensordecedores
y relámpagos que quebraban los cielos,
la lluvia no cesaba y hasta gemía,
mojando mis trenzas, mi rostro y mi pequeño ser.
Recuerdos de mi niñez brotan de mi alma.

MIRADAS

Te miro y no puedo contemplarte.
Ojos deslumbrantes llenos de amor eres,
tu mirada acaricia el todo y la nada.
Tanta pasión brota a borbotones de tus pupilas,
que tus ojos suspiran besos y ternura idealizada.
Tú, vida, ¿qué sientes?
Tú, generosa que lo das todo,
cuerpo, alma y ser, sangre, sabor y aliento.
Te miro y no puedo contemplarte.
¡Tanto amor brota de tu espíritu que olvidaste amarte!

PASEANDO BAJO LA LUNA LLENA

Paseaba, bebiéndote y tú, acariciándome,
sensación mágica que nos llevaba al limbo.
Tú, envuelto en mi olor, mi sabor…
Yo, perdida, y…
la luna llena brillaba,
la brisa de la noche nos hechizó,
la música de nuestras almas sonaba.
las hojas del otoño caídas
crujían bajos nuestros pies,
y seguíamos…
Tú, bebiéndome y yo, acariciándote.

CANSADA

Cansada de esperarte,
mi piel se arruga y envejece.
Mis sábanas impregnadas con tu olor
dejan huellas imborrables
en mi esencia y en mi «atma».

LOCURA

Tu amor voluptuoso me da alas,
alas para soñar y volar,
para crecer y perderme.
¡Ay, tu amor me hace enloquecer!

REFUGIO

Alas al viento,
golpes de mar,
amores ocultos,
riendas al azar.
Soltando quimeras,
persiguiendo un lugar,
el caminante en busca
del calor de un hogar.

EL TIEMPO

Espera, espera,
¡no te vayas!
No te alejes todavía,
quiero más de ti,
un poco más, nada más.
¡No, no me dejes!
No huyas hacia el futuro,
quédate conmigo,
no te alejes todavía,
no tan aprisa,
necesito más de ti.
Espera, espera.

HOGAR

Libélulas que se desploman en el atardecer
buscan el refugio del rocío.
Las hojas verdes brillan
y se liberan de sus anhelos,
sus quimeras y su dolor.
Danzando entre la floresta,
como si de una mariposa se tratara,
cargadas con un puñado de sentimientos,
vuelan sin mirar atrás,
buscando un nuevo camino,
una nueva ilusión,
un nuevo hogar.

SIENTO

Paseando por la orilla de la playa,
el agua de la mar salada
baña mis pies,
acaricia mi piel,
eriza mi alma.
Mis pasos se quedan sellados,
dejando huellas en la arena mojada,
junto a las olas de la mar brava
que rompen contra las rocas, poseyéndolas.
Mientras tanto, camino,
voy evocando momentos disfrutados,
besos, miradas y caricias robadas,
impresiones imborrables en mi corazón.

HIJO

Abrázame,
siento paz en tus tiernos brazos,
ayudándome a huir de mis miedos,
dándome las alas de la libertad.
Nacer y tenerte es el más preciado de los tesoros,
amor del verdadero,
sin barreras, ni límites,
con alas para soñar y volar.

EMOCIÓN

Amor cálido,
emoción que fascina,
amor que brota de mi alma
acariciando tu ser.

MALTRATO

Voz mutilada.
Boca silenciada.
Llantos de sangre.
Cuerpo afligido
deseoso de soltar lastre.
Dolor, desamor, incomprensión…
Sentimientos encontrados,
voces silenciadas
buscando la libertad
para volar sin ataduras y en paz.

TUS OJOS

Tus ojos pardos
de mirada felina
erizan mi piel.
Tus ojos pardos
desnudan mi ser,
mi pensar y mi sentir.
Tus ojos pardos
hablan, recitan y cantan,
quieren, ríen y lloran
desnudando mi alma.
Tus ojos pardos
penetran espacios,
emancipan pensamientos
y aman de verdad.
Tus ojos pardos
me enloquecen
y me iluminan.

COSAS DEL QUERER

Decías que me querías,
y yo te creía.
Murmurabas que me amabas,
y yo me derretía.
Decías que era tu mundo,
y me sentía dichosa.
¡Que no podías vivir sin mí!,
y lo mismo me ocurría.
¡Ay, corazón del amor,
¡cuánto pierdes cuando se une
la razón con el sentimiento!
Entonces supe que solo a ti mismo adorabas.
Ya no sufro más.
Sé lo que soy
y lo que espero,
vislumbro cuál es mi camino,
y ahora, te aseguro que yo a ti
ya no te quiero.

LA BONDAD

Paseaba sola,
esperando que alguien la tomara.
Su cuerpo, dulce y sedoso estremecía el alma,
gozaba de alegría al compartir,
se expandía sin prisas,
segura de sus pasos
se apoderaba de todo el espacio.
Haciendo suyo cada rincón,
cuanto más da, más se posiciona firme,
echa raíces y crece libre.

BESOS, BESOS

Besos de ternura que derrochan amor,
besos de color rosa,
suaves, delicados…
Besos apasionados y sensuales,
inundados de ilusión,
llenos de cariño…
Besos, besos,
besos de colores,
besos que saben a fresa,
a cola burbujeante y a lima limón.
Besos, besos,
besos alocados,
a veces soñados y a veces robados,
besos, besos…

Pesadilla

En la oscuridad con sus fantasmas, llena de sueños y de miedos, Aurora visualizaba las estrellas en un crepúsculo de luna nueva. Sentada bajo el árbol, sentía como la brisa acariciaba su piel. Estaba perdida entre sus pensamientos.

De repente, desde lo alto de la colina, acercándose hacia ella, vio una figura oscura sobre un caballo azabache. El jinete iba vestido con negros harapos y llevaba un frío estilete en la mano.

El silencio era absoluto. Las sombras desfiguraban su rostro aterrorizado y su corazón latía alarmado. Aurora suspiraba con ansiedad mientras observaba al jinete acercarse. Pasaron los segundos y los minutos acelerados, hasta que se detuvo frente a ella.

Su cara gris y sus ojos rojizos llenos de deseos de sed de sangre penetraron la mirada de Aurora. ¡Ella lo percibe intensamente y grita! Entonces se abre la puerta de su habitación y entra su madre. Aurora abre los ojos, ve su cara angelical y la abraza.

El final

Mientras agonizaba,
el dolor se apoderaba de su cuerpo.
Sentía su corazón ligero y su alma se despedía.
Por su memoria fotográfica
pasaron imágenes imborrables.
Quiso llevarse todos sus recuerdos,
los momentos vividos, pero a cambio
dejó profundas huellas en el corazón
de todos los que la querían.

COMO LA VIDA MISMA

Callada y silenciosa,
esconde sus secretos.
Algo se ha marchado,
volatilizado en la penumbra.
Mientras unos bailan al son
de la música de la vida,
como mariposas revoloteando
bajo la luz del sol,
otros se han marchado,
llevándose sus pensares,
sus sentires, sus sueños,
deseos y realidades.

Índice